青史流光：跨越时空的那些人

编著：宫浩奇

绘者：小马车图书

秦始皇传

中国戏剧出版社
CHINA THEATRE PRESS

图书在版编目（CIP）数据

秦始皇传 / 宫浩奇编著；小马车图书绘. — 北京：
中国戏剧出版社，2023.1
（青史流光：跨越时空的那些人）
ISBN 978-7-104-05284-5

Ⅰ. ①秦… Ⅱ. ①宫… ②小… Ⅲ. ①秦始皇（前259-前210）—传记 Ⅳ. ① K827=33

中国版本图书馆 CIP 数据核字（2022）第 178434 号

秦始皇传

责任编辑：肖　楠
项目统筹：康祎宁
责任印制：冯志强

出版发行：中国戏剧出版社	印　　刷：保定市铭泰达印刷有限公司
出 版 人：樊国宾	开　　本：710mm×1000mm　1/16
社　　址：北京市西城区天宁寺前街 2 号国家音乐产业基地 L 座	印　　张：78
邮　　编：100055	字　　数：280 千
网　　址：www.theatrebook.cn	版　　次：2023 年 1 月　北京第 1 版第 1 次印刷
电　　话：010-63381560（发行部）　010-63385980（总编室）	书　　号：ISBN 978-7-104-05284-5
传　　真：010-63381560	定　　价：298.00 元（全 10 册）

读者服务：010-63381560
邮购地址：北京市西城区天宁寺前街 2 号国家音乐产业基地 L 座

版权专有，违者必究；如有质量问题，请与出版社联系调换。

破阵子·秦始皇

气盖九州四海，志怀天下同区。
北补藩篱拦牧马，南铸金瓯取锦鱼。
一言六文虚。

坑戮百家焚册，刑枷黎庶劳躯。
身死沙丘空万世，名耀千秋传兆居。
孰说瑕掩瑜。

姓　　名	# 嬴政
所处时代	战国末年至秦朝
主要事迹	平定吕不韦之乱；统一六国；书同文、车同轨；修筑万里长城；开创中国第一个封建王朝；焚书坑儒；荆轲刺秦
关联名人	吕不韦、李斯、王翦、韩非子、蒙恬、张良、燕太子丹、荆轲、徐福、赵高
文化标识	奇货可居；皇帝；怒发冲冠；图穷匕见；徐福东渡；三公九卿；郡县制；博浪沙；误中副车；阿房宫；骊山陵墓；兵马俑

历史背景

  商朝末年，周武王率军伐纣，剪灭殷商，建立了周王朝。周朝分为两个阶段，即西周和东周。西周初年，为拱卫王室，实行分封制，将宗族、功臣等人分封到全国各地，建立起大大小小的诸侯国。后西周都城镐京被少数民族犬戎攻破，末代君王周幽王被杀。其子姬宜臼在诸侯帮助下，即位成为周平王，并迁都洛邑，是为东周。周平王虽然得以继承周天子的地位，但历经国家变乱，其威信大跌。原先效忠于周天子的诸侯们兴起轻视之心，纷纷与周天子分庭抗礼，王权再不能约束各国，东周的周天子变成了象征性的傀儡。群龙无首下，各国自行其是，彼此间相互攻伐，极力扩大自己的利益。于是从东周建立初始，历史就进入了著名的春秋战国大分裂时期。在这一时期，大国兼并小国、强国吞并弱国，残酷的战争此起彼伏。而战争的结果之一是诸侯国数量日益减少，中华大地越来越趋向于再次统一。经过500多年的争霸攻伐，到战国末期，几乎只剩下齐、楚、燕、韩、赵、魏、秦这"战国七雄"。而这其中，秦国已由春秋初期的二三流国家逐步演变为最耀眼的明星。

君明臣贤，国力强盛，当雄才大略的秦王嬴政即位后，统一大势再难逆转。嬴政睥睨六国、磨刀霍霍，掀起了消灭六国、统一天下的战争。最终建立起雄踞天下的大秦王朝。

邯郸为质

不韦青眼

巧说华阳

王翦灭楚

王贲决水

故事线索

六王毕·四海一
Liuwangbi Sihaiyi

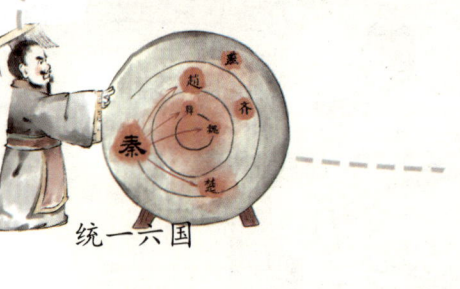
统一六国

大力改革

秦
严刑峻法

邯郸为质

中国历史上第一个皇帝——秦始皇出生的时代正是群雄割据的战国时代。当时,齐、楚、燕、韩、赵、魏、秦七国争雄。地处西方的秦国在商鞅变法之后,历经数代君王,国力日强,东方六国都日益感受到来自这个后来居上者的极大压力。秦始皇的故事要从他的太爷爷——秦昭襄王说起。昭襄王的第二个儿子安国君子嗣众多,有二十多个。其中有一个叫异人的从小就不受父亲宠爱,所以被远远打发到赵国去当人质。互换人质是当时各国的外交传统,目的在于让彼此心有顾忌,不敢轻易发动战争。故此每当秦赵两国关系恶化时,作为人质的异人就总会成为赵人报复的对象,常常缺衣少食、生活困窘,有时连人身安全都缺乏保障。

六王毕·四海一·秦始皇

青史流光：跨越时空的那些人

不韦青眼

当可怜的异人在赵国的都城邯郸**战战兢兢**、**朝不保夕**地生活时,有个在当地做生意的大商人正混得风生水起。这个大商人名叫吕不韦,本是卫国人,成年后长期在各国经商,游走各地,家中积累起巨额财富。但他并不满足于当个普通商人,他一心想要做成一笔天下最大的买卖。这一天,他跟朋友在一起吃饭的时候,听说了秦国的公子异人正处于困境之事,非常感兴趣。于是又详细了解了一下异人在秦国的关系图,觉得异人**奇货可居**。他不禁想:如果自己投资到异人身上,未来是不是可以收获百倍、千倍的利益呢?不过别人做生意都是买卖货物,这是个活生生的人,吕不韦要怎么操作才能获利呢?

投资异人

　　吕不韦信心满满地找到异人，一见面，就开门见山地说道："我可以让您光大门庭，荣华富贵不在话下。"异人一愣，任谁见到一个陌生人突然间这么说，第一反应恐怕都不是高兴，而是深表怀疑。他苦笑一声，道："阁下何必哄骗于我，您还是先光大了自己的门庭，再考虑我的门庭吧。"吕不韦两眼放光地盯着异人说："我确实想让我的门庭光大，但要做到这一点，得先让您的门庭光大了才可以。"看着异人一脸错愕的表情，吕不韦神秘地眨了眨眼，凑到他的耳边，悄声说道："我，要让你成为秦国的王！""咔嚓"一声，异人的脑海中仿佛一道闪电劈过。他做梦都没有想过自己有机会能成为当时最强大的国家——秦国的主宰者。

青史流光：跨越时空的那些人

啊！若果真如此，大秦的国土有一半是先生的。

我要让你成为大秦的王。

击掌盟誓

吕不韦看着目瞪口呆的异人，不慌不忙地用手捻须髯说道："阁下应当知道，您的爷爷、秦昭襄王已经老了，而原来的太子早已因病去世。您的父亲安国君则被立为了太子，一旦安国君继承了王位，就必然要选择下一任继承人，这不就是您的机会吗？不过您的现状可大大不妙，身处敌国境内，随时都有性命之忧。而在秦国，也没有任何的根基，想要当王那可真是难比登天。"异人听得兴致刚起，下意识地焦急追问："那可如何是好？"吕不韦又一次凑到异人耳边，悄悄说了一番话。异人听完，立时双目光芒大盛，敛衣起身，诚恳地对吕不韦道："先生这个计划如能成功，他日我定当分国相谢。"二人相视一笑，击掌盟誓，开始了逆袭之路。

目标锁定

　　吕不韦首先赠送给异人大量的钱财，不仅为他解决日常生活之需，而且嘱咐他在邯郸尽快扩大交际圈子，有意去结交各国的权贵宾客，以增加异人在各国权贵中的影响力。然后吕不韦又亲自带着珍器重宝去秦国游说两个重量级人物。一个是当时最受异人父亲安国君宠爱的妻子华阳夫人。这位夫人貌美如花，衣食无缺，唯一的心病是没有孩子。没有后代在古代对于大多数女性来说有着非常不利的影响，尤其涉及王位继承时，更是残酷。一旦无子可立，女性往往当初有多受宠，下场就有多悲惨。另一个重要人物是华阳夫人的弟弟阳泉君，倚仗着姐姐受宠，在秦国也颇有影响力。这两位都是能影响安国君决策的人。

青史流光：跨越时空的那些人

十六

巧说华阳

吕不韦从阳泉君这里入手。他向阳泉君献上礼物，未及寒暄就直言不讳地提醒道："阁下可知，您的死期马上就要到了。"阳泉君大惊，赶忙追问原因。吕不韦唉声叹气道："您今天的权势地位全部来自于您的姐姐华阳夫人，一旦她的地位不保，您还能够像现在一样呼风唤雨吗？可惜令姐现在就面临着一个巨大的危机——没有子嗣。要知道岁月如梭，青春难驻，一旦华阳夫人年老，还会继续被安国君宠爱吗？一旦安国君别的夫人生的儿子被立为了继承人，甚至当了国君，您觉得华阳夫人和您会有什么下场呢？"阳泉君如大梦初醒，赶紧追问解决之道。吕不韦沉吟半晌，直到阳泉君不耐烦了，才缓缓说道："办法也不是没有，只要为华阳夫人找一个心向夫人且能够被立为继承者的人就可以了，而我这里恰好有这么一位。"

推荐异人

阳泉君再问细节，吕不韦却顾左右而言他。阳泉君心知肚明，知道吕不韦真正想见的是自己的姐姐华阳夫人。事关切身利益，他不敢怠慢，赶紧带着吕不韦去往安国君府。吕不韦在华阳夫人面前口若悬河，一针见血地指出，女人靠青春靓丽来获得君王的永远喜爱是不可能的。只有找到未来能够帮助自己的王位继承人，并且让他有机会成为下一代国君才能高枕无忧。在华阳夫人频频点头之际，吕不韦乘机说出了有关异人的事情。他一面吹捧异人有多么贤明、有多受各国达官显贵的欢迎，为华阳夫人描述出一个翩翩公子的良好形象；一面又再三表示异人是个孝子，虽然并非华阳夫人亲生，但在异国却时时渴望能为华阳夫人尽孝。

青史流光：跨越时空的那些人

夫君，我就指望着异人这孩子给我养老送终了，你可不能反悔呀！

哈哈，夫人，你怎么会老呢？你会一直年轻美貌的。

玉符为证

一个帅气、卓越又有孝心的孩子不正是自己想要得到的合适人选吗？而且这个孩子的母亲夏姬本不受安国君宠爱，也就是说异人哪怕归国后，也根本没有别的倚仗。如果自己现在对他示好，异人以后还不死心塌地地主动依附自己吗？想通了其中关节的华阳夫人高兴坏了，这真是打瞌睡送来枕头呀！很快，这位安国君最宠爱的夫人就跑到她的丈夫面前替异人说了一大箩筐的好话，末了哭哭啼啼地说道："我一直遗憾的是自己没有孩子，如今我特别喜欢异人，希望您能够立他为您的第一继承人，以便将来能够为我养老送终。"安国君禁不住美人哀求，便一口答应了。华阳夫人生怕夫君日后反悔，还撒着娇"逼迫"安国君刻了玉符，以为凭证。

赠送赵姬

　　吕不韦将异人回国的道路铺好后，就返回了赵国。这次归来，吕不韦受华阳夫人委托，不仅给异人带回来大量礼物以供生活之用，还堂而皇之地担负起教导异人的责任。这下吕不韦和异人的关系也更为密切。一次宴席上，异人看中了吕不韦家一个叫做赵姬的姬妾，爱慕非常，就开口相求，请吕不韦将她转让给自己。在古时候，姬妾歌女这些人地位十分低下，是没有人身自由的，常常被权贵间当作礼物来赠送转让。吕不韦本来不舍得，但转念一想：自己已经投资那么多了，还在乎舍弃掉一个姬妾吗？于是大方地把赵姬送给了异人。过了一段时间，赵姬生下来一个孩子，取名政（后世称赵政、嬴政），也就是后世的秦始皇。

好说，好说，我的就是你的。

先生，我和赵姬是真爱。这个……您能否割爱？

六王毕·四海一·秦始皇

逃返秦国

现在的异人得到吕不韦的帮助，可以说声名鹊起、衣食无忧，但是他身在赵国，而秦赵两国战火不断，因此人身安全始终是个问题。公元前257年，秦国大将王龁(hé)出兵围困赵国都城邯郸，攻打甚急。赵国的孝成王大怒，为解心头之恨，下令处死在邯郸做人质的异人。一直关注着赵宫动静的吕不韦听闻此信，大呼不好，顾不上想别的办法，赶紧拉着异人跳上马车，匆匆逃离邯郸。途中为避免盘查，还拿出巨款六百金贿赂了守城的官员，才得以和异人一起有惊无险地逃返秦国。但异人的妻子赵姬和儿子嬴政却未能及时收到通知，只能被迫陷落在赵都。面对赵人的全力搜捕，母子二人无计可施，只能过着东躲西藏的日子。

楚服相见

再说异人回国后,惊魂甫定,就在吕不韦的安排下穿上楚国人的衣服,第一时间去见华阳夫人。异人本是秦国人,为什么要穿楚国的衣服呢?原来这华阳夫人本是楚国嫁到秦国来的。吕不韦猜测她远嫁异地,必定思乡心切。双方第一次见面,如果异人穿楚国的衣服,就必定更容易获得华阳夫人的好感。果然,华阳夫人一见睽(kuí)违已久的楚服,潸(shān)然泪下。爱屋及乌下,对衣服的主人异人也是越看越欢喜,当场就认他做了义子,还兴冲冲地将异人的名字更名为"楚",所以异人后来又称"子楚"。异人在吕不韦的精心设计下,终于得到了华阳夫人的欢心。有了华阳夫人从中说项,他很快也得到了父亲安国君的信任。

乖孩子,看到你,我就想到楚国的山山水水呀!

娘,那以后我天天来看望您。

六王毕·四海一·秦始皇

异人圆梦

不久以后，在位五十六年的秦昭襄王去世了，安国君果然不出意外地成为了新的秦王，也就是秦孝文王。可他的命运远没有其父那么好，即位仅仅三天就忽然去世了。

异人如愿以偿地成为了新的大秦之主——秦庄襄王。消息传到赵国，赵王为了修复秦赵关系，派人送还了羁留在赵国的赵姬和嬴政，一家三口得以团聚。异人不忘旧恩，将华阳夫人尊奉为华阳太后，以跟自己的母亲夏太后同等的待遇侍奉；又封吕不韦为文信侯，委以相国职位，食邑洛阳十万户。吕不韦的投资显而易见获得了可观的回报：异人由任人宰割的人质成为了最强盛之国的王，自己则由地位低下的商贾一跃成为炙手可热的权臣，光耀二人门庭的梦想真的实现了。

嬴政受玺

可怜秦庄襄王也很短命，当政仅仅三年后，就撒手人寰。作为太子的嬴政顺理成章地成了秦国国君。但此时嬴政只有13岁，按照秦法规定，国君必须在21岁的时候才能亲政，所以在这之前，秦国治国理政的权柄就落在了相国吕不韦手中。他权倾朝野，被嬴政称为"仲父"，一如当年齐桓公称呼管仲一样。由于吕不韦来自他国，骤得高位，很多秦国本土人非常不服。为了提升自己的威望，他效法"战国四公子"礼贤下士、广纳宾客，以致门下食客有三千人之多。他还命人编写《吕氏春秋》，并公之于市，扬言有能改一字者，得一千金。通过种种手段，他让自己的声望在秦国一时无两。秦人但知仲父之威，不知秦王之命。

不韦专权

随着执掌相国之位的时间越久，吕不韦的权势也越大，对始终掌控权力的欲望也越强。但一个无法回避的矛盾就是嬴政日趋成年，亲政是迟早之事。到那时，吕不韦必须把国家大政的处理权力交还给已经成年的秦王。可已经品尝到权力美味的吕不韦又怎会心甘情愿地交出权柄呢？所以他与嬴政的冲突日益加深。**吕不韦不仅在国事上屡屡挑战嬴政的权威，甚至肆意出入内宫，侮辱秦王的尊严。**可以想见，秦王亲政的时间就是双方鱼死网破的节点。在这之前，双方都小心翼翼地维持着"和平"，暗中则积蓄着力量。吕不韦依赖的是自己手下的大量门客，而嬴政也默默培养着李斯、王翦、昌平君等一众年轻的、属于自己的班底。

毒杀权臣

　　嬴政继承王位八年后,在一众心腹大臣的保护和支持下,躲过了无数的明枪暗箭,顺利地在21岁时亲政。此后嬴政韬光养晦两年,在自觉羽翼丰满之际,向吕不韦集团骤然发动了雷霆一击。他借助他人叛乱之事,大肆株连吕不韦党羽,果断罢免了吕不韦的相国之位,并把他放逐到河南封地。没想到吕不韦一到河南,各国的诸侯纷纷派使者来探望邀请吕不韦。这让嬴政更是忌恨,于是写信给吕不韦,讥讽道:"你有什么功劳?朝廷给了你河南的封地。你与王庭有什么血缘关系?敢号称仲父。赶紧离开河南,去巴蜀呆着吧!"吕不韦看着这封充满蔑视和指责的信件,自知已被嬴政视为心腹之患,难逃一死,遂饮毒酒自杀了。

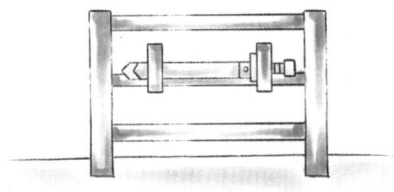

今逐客以资敌国,损民以益仇,内自虚而外树怨于诸侯,求国无危,不可得也。

青史流光:跨越时空的那些人

谏逐客书

吕不韦之事使嬴政对非秦土出身的大臣深表怀疑。恰在此时,又发生了一件轰动秦国的间谍事件:弱小的韩国为了削弱秦国,派一个叫郑国的人到秦国进言大规模修建水利工程,以浪费秦国的民力。结果谋事不秘,被嬴政侦知了韩国的目的。受这一事件的影响,嬴政对六国宾客大为不满,于是轻率地下达了逐客令,要把六国人全部赶出秦国去。而已经来了秦国好久,且是嬴政班底重要成员的李斯居然位列在被驱逐的名单之中。心高气傲的李斯不甘心就这么灰溜溜地被赶离实现梦想之地,冒死呈上《谏逐客书》,雄辩滔滔,直言六国人才对秦国能够实现天下一统的重要作用,恳请嬴政收回王命。

重用尉缭

　　嬴政读完《谏逐客书》，很快意识到自己犯了错误，非常懊悔，果断收回了逐客令，并广开贤路，延揽六国人才。有个叫尉缭的魏国人跑来游说嬴政，让他出重金收买分化各国权贵，以削弱诸侯力量。嬴政对此建议十分满意。不料尉缭建言完毕，私下里却跟别人批评起了嬴政："秦王这家伙，鼻高眼细，胸如猛禽，声如豺狼，有虎狼之心而无仁德之意。穷困时，对人谦和；得志时，对人暴虐。我如今只是一介平民，却对我如此谦下。假使有一天夺取天下，他必会让所有人为奴为婢，我可不敢跟他长久相处。"有人把此话禀报了嬴政。嬴政哈哈大笑，非但没有怪罪尉缭出言不逊，反而竭力挽留，让他当了秦国最高的军事长官——国尉。

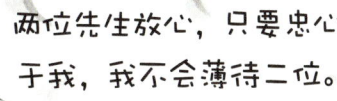

青史流光：跨越时空的那些人

强索韩非

除掉吕不韦等人,嬴政大权独揽,文有尉缭、李斯,武有王翦、王贲、桓齮、蒙武等人作为左膀右臂。国内已安,统一六国的序幕遂徐徐拉开。王翦、桓齮等人四处出击,连破赵国数城。但秦兵并未急于灭赵,而是首先攻韩。之所以如此,是嬴政为了得到一个人——韩非子。**此人是韩国贵族,曾写过《孤愤》《五蠹》等文章。嬴政读后,深为欣赏。**所以他希望能够对韩国施加压力以见到韩非子。在秦国铁甲骏马的威胁下,韩王安只好老老实实地派韩非子出使秦国。这韩非子有口吃的毛病,不善言辞,但嬴政并不在意,仍旧打算重用。而韩非子则想为面临灭国威胁的母邦做些事情,就主动上书请求嬴政先伐赵、缓攻韩。

韩非自尽

韩非子的上书给自己带来了杀身之祸。他没想到最终害死自己的人居然是自己的同窗和举荐人——李斯。李斯和韩非子师出同门，都曾经是荀子的学生。但李斯嫉妒心非常重，自知才能不及韩非子。眼见韩非子很受嬴政赏识，嫉恨交加，故进谗言道："韩非子本是韩人，必然心向韩而非秦。他此刻上书，不过是为了让韩国苟延残喘，这会影响秦国的统一大业。而且他不可能忠心为秦，留下来对我大秦必然会是祸患，还不如杀掉省心。"嬴政一时糊涂，就命人将韩非子关入了大牢。李斯又背着嬴政偷偷送了毒药给韩非子，勒令他自杀。可怜的韩非子想要向秦王面陈心迹却被阻遏，唯有自尽。等嬴政醒悟过来时，韩非子尸骨已寒。

韩国被灭

韩非子之死既没有影响到李斯在嬴政心中的地位，也丝毫没有迟滞秦国一统天下的步伐。韩国为了得过且过，向秦国贡献了南阳一带的土地。嬴政派内史腾（官职为内史，名为腾）前往接收土地并驻守。谁都没想到，这个内史腾是个狠人：他竟然直接率兵攻陷了韩国都城，俘获了韩王安。倒霉的韩国就成为了第一个被秦国灭掉的国家。韩国如此不堪一击，给了嬴政莫大的鼓励，他马不停蹄地派王翦进攻赵国。秦赵两国二十多年前曾有场长平之战。双方将领本应是秦国的白起和赵国的廉颇，二人实力相当，若对阵估计谁都奈何不了对方。不想赵王听信谗言，临阵换将，导致赵国惨败，四十万精壮士兵被迫投降，全部被白起下令坑杀。

六王毕·四海一
Liuwangbi Sihaiyi

计杀李牧

　　四十万士兵的阵亡，意味着曾经横行三晋的赵国走向末路。但此时赵国还有最后的防线——名将李牧。王翦对李牧，正如二十多年前的白起对廉颇，正是棋逢对手、将遇良才，鹿死谁手尚未可知。但仿佛老天对乱世的厌弃和对秦国的眷顾一般，后世被并称为"战国四大名将"的这四人都没有迎来两两对决的旷世之战。昔年赵国中了秦国的反间计，派了纸上谈兵的赵括取代了廉颇，致使赵国一败涂地。历史惊人地又给赵国开了个玩笑：这次秦国贿赂了赵国的宠臣郭开，然后郭开散布谣言说李牧要谋反，于是昏庸的赵王迁又让资质平平的赵葱取代了沙场宿将李牧，甚至做得更彻底，诛杀了李牧。没有了李牧，秦将王翦轻轻松松地干掉赵葱，俘获了赵王迁。从赵武灵王胡服骑射时起就曾想雄霸天下的赵国宗庙尽毁。

羞辱玩伴

赵王迁被俘后,他的儿子公子嘉带着宗族百人逃到了本为赵国城池的代郡,建立了一个小国家代国。代国旁边紧靠着燕国,二者唇齿相依,抱团取暖。燕国位置偏北,一直以来存在感不是很强,实力低下。面对咄咄逼人的秦国,燕王喜兴不起任何反抗的欲望。但燕王喜偏偏有一个好胜的儿子——太子丹,而这个太子丹和秦王嬴政还有一段渊源。以前太子丹也曾在赵国当过人质,与在赵国出生的嬴政一度相处甚欢。毕竟同为人质的悲惨遭遇能够让两个少年互相安慰。但后来两人各自归国,嬴政成为秦王,太子丹却又被父亲作为人质送到了秦国。他满以为嬴政会眷念儿时的友情对他照顾有加,却不料嬴政对于这个敌国的人质没有丝毫的温情,给予他的只是无尽的屈辱。自尊心很强的太子丹找机会逃回了燕国。

谋划刺秦

　　逃归回国的燕太子丹深恨嬴政，他要报复，不仅为自己，也要为他那看起来前途黯淡的国家。但凭借正面战场获胜，那只是天方夜谭，秦国的强弓劲弩、信臣精卒不是小小的燕国能抗衡的。为今之计，只有剑走偏锋，把秦国的首脑、那化友为敌的秦王刺杀掉，才能遏制秦国征伐天下的势头。燕太子丹找到了一名布衣勇士——荆轲。他要让荆轲用手中的匕首完成惊天一刺，杀掉那个令六国百姓仇恨、恐惧的暴君。为打动对方，燕太子丹折节下交、不惜重金，终于使荆轲愿意以自己的生命为代价去刺杀嬴政，以实现"士为知己者死"的理想。但这种孤注一掷的做法能够成功吗？纵然成功，就真的能够改变天下一统的历史走向吗？

六王毕·四海一·秦始皇

壮士入秦

"风萧萧兮易水寒,壮士一去兮不复还。"易水河畔,在高渐离悲怆苍凉的筑声中,在燕太子丹及众门客的白衣白帽、怒发冲冠中,荆轲慷慨高歌,决然而去。燕赵多侠士,为国何惜身?在嬴政阴沉霸道的目光审视下,荆轲毫无惧色地走上秦国大殿,一边嘲笑着吓得汗出如浆的同伴秦舞阳,一边将献给秦王的礼物款款奉上:一件是嬴政憎恶的秦国叛将樊於期(fán wū jī)的头,一件是燕国假意献给秦国的督亢地区的地图。地图的卷轴缓缓展开,就在卷末,一把闪着寒光的匕首豁然而现。在众人惊呼声中,荆轲左手抓住嬴政的衣袖,右手抢过匕首,奋力朝着这个"天下大敌"刺去。这,是一把见血封喉的淬毒匕首,是六国的最后希望。

百官失色

  嬴政过人的机警和直觉挽救了他。就在匕首临身的一刹那,嬴政抽身奋起,衣袂(mèi)断裂。他向后一跳,下意识地就要拔出肋下所配宝剑进行反击。可令人尴尬的是,他的宝剑太长了,以致在心慌意乱下根本拔不出来。而荆轲一击不成,立刻如影随形地追赶过来。看着那泛着蓝光、触之必死的凶器,嬴政也没有勇气赤手对决,只好撒腿就跑。大秦立国以来从未发生过的滑稽事发生了。堂堂一国之主,在自己那自认安全无虞的地盘被一个刺客追得满殿乱跑。秦国的文武百官一个个面如土色,却束手无策。因为秦王为了防止大臣刺杀自己,命令所有人上殿都不许携带兵器。手无寸铁的大臣们也还没有忠心到以命搏命、直面利器的地步。

奋力一击

就在这十万火急的时刻，上朝时一向没什么存在感的医官夏无且（jū）出手了。他奋力用自己所带的药囊击向荆轲，这软软的东西当然没有任何的杀伤力，但好歹干扰了荆轲的视线。这时候左右侍从终于反应过来，急叫："大王，大王，快把剑背起来！"张皇失措的嬴政这才醒悟过来，赶紧把剑鞘转到背上，拉长了拔剑的距离，"仓啷"一声，掣出了宝剑。长剑在手，嬴政的胆气顿时壮了起来，他不再逃跑，而是转身朝着荆轲冲了过去。国王战刺客，长剑对匕首。很快，有着武器优势的嬴政取得了胜利。荆轲不幸被砍中左腿，轰然倒地。荆轲不甘心失败，在摔倒的瞬间，他挣扎着用力将手中这把赵国徐夫人所铸的宝器利刃朝着嬴政扔去。

功败垂成

荆轲不是武林高手，只是一个普普通通的凡人。他仓促出手的垂死一击当然没有什么准头。"当啷"一声，匕首只是击中了大殿上的柱子，但这也把嬴政吓得毛骨悚然。又惊又怒的嬴政再次冲到荆轲身边，疯狂乱刺。荆轲血流满地，身负重伤，他自知刺秦已经失败，于是艰难地倚靠着柱子坐了起来，两腿大大叉开，用这种箕踞（jī jù）而坐的方式表达着对嬴政最大的也是最后的蔑视。"我本来是想把你活捉以逼迫你签订条约的。"荆轲平静地说道："没想到正是这一念之差，我功败垂成啊！"说罢，荆轲仰天大笑，眼角泪光莹然。殿外武士这时蜂拥而入，乱刃斩向荆轲。嬴政瞪着倒在血泊中的荆轲，浑身战栗，心有余悸。

青史流光：跨越时空的那些人

燕王杀子

险死还生的嬴政暴怒非常,他即刻下令王翦率大军攻伐燕国,誓报此仇。燕、代两国联合抵抗,但很快兵败于易水。次年,燕国的都城蓟也被攻占。燕王喜仓皇逃窜,跑到了偏远的辽东地界。而秦将李信继续追击,不肯罢休。眼看两国就要被灭,代王嘉出了个馊主意,让燕王喜把太子丹交出去,以期能够换来秦王的谅解。燕王喜无奈,为了保住自己的王位,只好牺牲儿子。他命人把太子丹杀死,然后将人头敬献给了嬴政。可是,这种苟且偷生的做法能够阻挡得了嬴政扫平天下、一统寰宇的雄心壮志吗?答案当然是否定的。唯一的作用是燕国的示弱让嬴政怒气消减,秦国稍稍停下了灭燕的脚步,转头将刀锋指向了魏国。

王贲决水

　　魏国曾经也强大无比,出现过魏文侯、李悝、吴起、乐羊等贤君名臣。但此时却早已是日薄西山、辉煌不在。这次嬴政派了更加年轻的将领——王翦的儿子王贲领军,挥师十万,直逼魏都大梁。大梁城坚墙固,十分难以攻克。王贲没有命人强攻,而是巧引黄河之水,倒灌大梁。三个月后,大梁城垣尽毁,粮草耗尽,已是穷途末路的魏王假只能开城投降。至此,从战国初期,三家分晋而形成的韩、赵、魏三国相继覆亡。连灭三国的嬴政决定趁热打铁,一举攻灭南方大国——楚国。情报显示,楚国暮气沉沉,权贵间争权夺利频仍,连名臣春申君都在内乱中被其门客李园杀死。楚国柱石已倒,看起来一战功成已是水到渠成之事了。

青史流光：跨越时空的那些人

终于可以放手用年轻人了。

终于可以回家养老了！

王翦请辞

嬴政召开御前会议，询问群臣灭楚的兵力应当是多少？老将王翦认为非六十万不可，而年轻气盛、前不久曾大败燕国的将军李信却认为只用二十万就行。嬴政权衡半天，认为王翦已老，恐怕没有以前那么朝气蓬勃、勇猛善战了，于是决定派李信和蒙恬带兵二十万灭楚。王翦眼见嬴政乾纲独断，也不争辩，只是上书说自己身体老迈、多生疾病，恳请辞职回家养老。王翦虽然功劳卓著，但嬴政却一直想培植年轻将领逐步替换掉军中老人。王翦辞职正中秦王下怀，他赶紧顺水推舟，答应了王翦的请求。

其实换将的真正原因是这个有名将光环萦绕的老人固然为秦国攻城灭国，带来了一场场大捷，但无形之中也逐渐成为掩盖秦王威势的乌云。

再用老将

　　残山剩水的楚国还有一根支柱——名将项燕。而正是这根支柱，让连克三国、战无不胜的秦军碰得头破血流。锋芒毕露、自信满满的李信和蒙恬轻易就被楚将项燕的诱敌之计所惑，大败而归。嬴政听闻噩耗，大惊失色。这才意识到自己把这种灭国之战想得过于简单了。伐楚不是一场小规模的战斗，面对的敌人亦非之前三国可比，其人口之多、疆域之广，皆非二十万人马能一口吞下。看来之前连番的胜利冲昏了自己的头脑，以致犯下如此大错。醒悟过来的嬴政知道姜还是老的辣，于是赶紧亲自跑到王翦家向其致歉，恳请老将军再次出山。三催四请之下，王翦终于点头，但仍坚持之前的提议：必须带兵六十万。嬴政不敢拒绝，满口应允。

六王毕 · 四海一 · 秦始皇

频求封赏

嬴政亲自到咸阳之外的灞上送别率军出征的王翦，依依惜别之中却几次欲言又止。王翦心思剔透，知道秦王在担心什么。他暗暗好笑，不露声色地拱手要求道："大王，临行前我还有一个不情之请：请大王多多赐给我这把老骨头一些良田美宅如何？"嬴政惊讶地问："老将军，你是担心走后家里穷困潦倒吗？"王翦摇摇头道："那倒不是。只是我现在已经位极人臣，即使灭楚恐怕也得不到什么高官显爵。所以想趁着大王现在您还重用我，赶紧为自己子孙后代攒些家当呀！"嬴政大笑答应。而在出征途中，王翦又三番五次地派人回来提醒秦王赶紧赏赐。有幕僚不理解，提醒王翦，认为他这么贪婪地要求大王赏赐，实非君子所为，而且会招来秦王愤恨。

索金消疑

　　王翦却微微一笑，悠然说道："咱们大王的猜疑心很强，我这次出兵六十万几乎带走了咱们秦国所有的兵力，如果要反叛，那是易如反掌。大王既想用我灭楚，却又担心我灭楚后拥兵叛乱。送别时几次欲语还休，就是纠结于此。我现在多要赏赐，而且表现得急不可耐，就是要告诉大王，我没有什么称王称霸的野心，无非是想日后做个富贵闲人罢了。这样大王才会放下疑虑，我在前线也才能安心用兵。否则难免会重演赵国李牧故事，被敌人反间计所乘，我自己会有杀身之祸不说，大秦称霸天下的大业也会因此被耽搁。"果如王翦所料，嬴政在收到王翦那一封封催请田宅的书信后，兴高采烈地给了王翦更多赏赐，嘱咐他临阵自行决断。

六王毕·四海一·秦始皇

马上、马上,你真是好人呀!

良田美宅催付中……

王翦灭楚

　　王翦取代李信，带领六十万大军浩浩荡荡杀奔楚国。楚国尽起全国之兵，打算与秦军殊死一战。但气势汹汹跑来的秦军却在前线地区偃旗息鼓，并未直接开战，而是在王翦的命令下固守营壁，拒不出战。楚军连续数日挑衅，王翦始终无动于衷，只是和一众手下吃吃喝喝、聊天沐浴，仿佛不是来打仗，而是来荆楚大地度假一般。士兵们闲来无事，也尽情游戏，玩得最多的就是投石比赛，争相看谁投得远。相较之下，本来同仇敌忾（kài）、打算给秦军迎头痛击的楚军却渐渐失去了耐心，人心浮动。项燕判断秦军只是虚张声势，暂时不会进军，为减少前线粮食消耗，遂决定分兵东调。王翦抓住机会，悍然出击，一举大败楚军。

统一六国

秦军一路高歌猛进，攻破了楚国都城寿春，俘获楚王负刍。但楚国并未立刻灭亡，项燕又立了一个新王——嬴政曾经的大臣昌平君。这位昌平君本为楚国的公子，但其母却为秦昭襄王之女。在秦国时很受重用，但后来却叛秦归楚。王翦对于叛徒自然不会留情，奋然进击。昌平君、项燕相继而死，楚国终灭。次年，王翦之子王贲又扫荡了残余的燕、代二国，俘获了燕王喜、代王嘉。紧接着，王贲南下攻齐，齐王建不战而降。至此，从公元前230年开始到公元前221年，秦王嬴政用十年的时间，以摧枯拉朽之势，横扫六国，结束分裂，建立秦朝，一统天下。对此功绩，唐代大诗人李白不由感叹："秦王扫六合，虎视何雄哉！"

六王毕·四海一
Liuwangbi Sihaiyi

六王毕·四海一·秦始皇

确立根本

嬴政环顾八荒，志满踌躇。他觉得"王"这个称号已经不足以向天下、向后世彰显自己的功绩。于是召集丞相王绾(wǎn)、御史大夫冯劫、廷尉李斯等商议自己的新称号。一番讨论之后，嬴政认为自己"德兼三皇，功盖五帝"，所以各取一字合称"皇帝"，又因为自己是历史上第一个皇帝，所以称为"始皇帝"，后代则依次称二世、三世乃至万万世，后人遂将嬴政也称为"秦始皇"。秦始皇采纳了齐国阴阳家邹衍的五德终始之说，认为秦为水德，而五行中水的颜色为黑色，所以要求全国的衣服旌旗都尚黑色、黄河也改名为德水，作为水德的源头。由于秦国一直以法家思想治国，所以秦朝继续延续，以严刑峻法作为立国之本。

大力改革

秦始皇很快改革了政权组织形式：中央采取三公九卿制，设丞相、太尉、御史大夫三公，分别管行政、军事和监察，又设廷尉、卫尉、奉常、典客等九卿，掌管各类具体事务。所有上述人员均由皇帝直接任免调动，不许世袭。而在地方政权组织上，则采纳李斯的建议，全面废除周代的分封制，向全国推广秦国自商鞅变法时就已经实践过的郡县制。全国分若干郡，郡下设县，无论郡的长官郡守，还是县的长官县令（长），均由中央直接任命。这种组织结构取代了周代以来形成的以血缘为主的国家治理结构，打破了分封割据的状况，将权力完全收归中央，既有效加强了中央集权，也有利于国家统一、政治安宁和经济社会的发展。

六王毕·四海一
Liuwangbi Sihaiyi

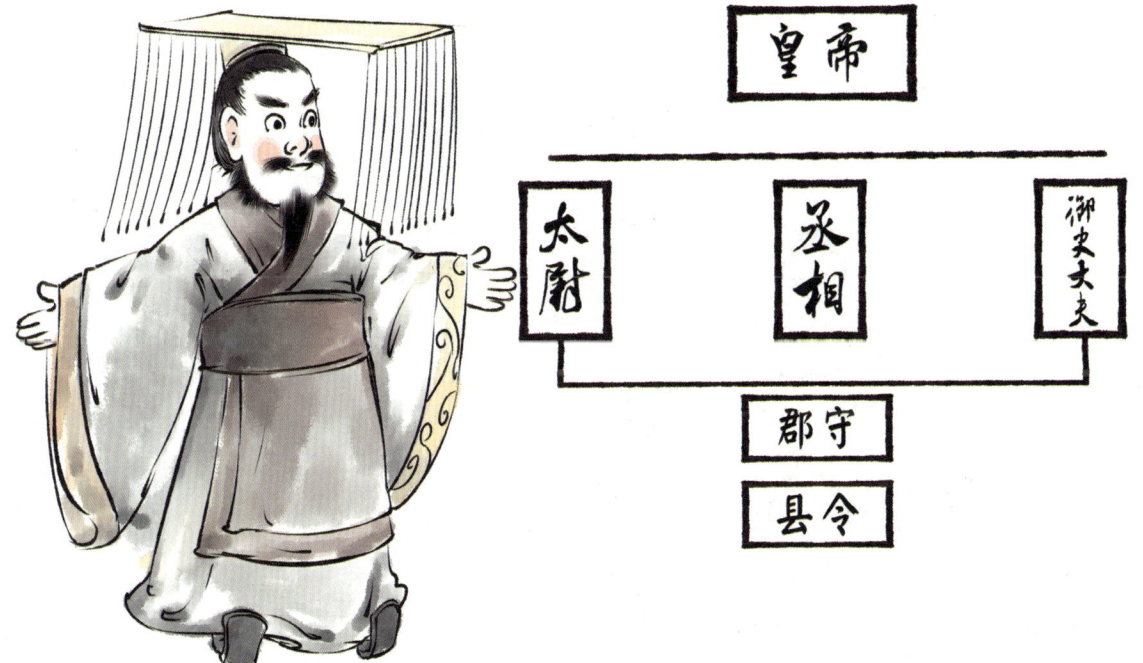

六王毕·四海一·秦始皇

青史流光：跨越时空的那些人

消除内患

战争虽已结束,但秦始皇最为忌惮的还是留在六国旧地的贵族阴谋复辟。为了杜绝这种潜在的风险,秦始皇强令把天下的富户豪强十二万户都迁到都城咸阳,另一部分迁到巴蜀、河南等地。一者放到自己的眼皮底下便于监视,二者使他们远离故土,失去造反的基础。同时收缴天下兵器,熔化后铸成了十二个铜人,以削弱六国旧贵族手下豢养的死士、门客、私兵等的战斗力。而能否有效镇压叛乱最重要的条件之一还在于能否做到兵贵神速,为此秦始皇一方面毁掉六国故地的城池、关隘、城墙,另一方面修建了通往各个城市的"高速公路"——驰道。这个措施虽然没能阻止秦朝的速亡,但客观上大大加强了中华各地的联系。

统一体系

　　除了构建统一的交通体系，为了让国家治理更为便利，为了国家政令更好地让百姓知晓，为了让不同地区的人更好地沟通交流，秦始皇废除了其他六国的文字，都统一成秦国的小篆。同时为简化书写，还采用了程邈所创的隶书。后又下令统一货币，要求全国都采用秦国的货币——秦半两。接着强令全国实行统一的度量衡。这些措施使春秋战国以来列国混乱纷杂的几种标准终于得到了规整，极大便利了人们的生活，有效促进了社会经济的快速发展。但不可否认的是，这种统一带来国家强盛和生活便利的同时，也扼杀和消灭掉了原先蕴藏于各国文字、货币、度量衡中的特色区域文化。这也许是文明竞争和发展中不得不付出的代价。

六王毕·四海一
Liuwangbi Sihaiyi

秦楚韩魏赵齐燕

六王毕·四海一·秦始皇

青史流光：跨越时空的那些人

修筑长城

自战国以来,北方日益强大的游牧民族匈奴一直骚扰中原各国,秦、赵、燕等国与之毗邻,深受其害。天下统一后,秦始皇派蒙恬率军三十万北击匈奴,收复大量土地,设立了诸多边郡、边县。在拥有战略优势的前提之下,蒙恬又连接、维修了原先秦、赵、燕三国为抵御匈奴而修建的旧长城,再加上新建的一部分,最终筑成了东起辽东、西至临洮,气势磅礴的万里长城。这项工程藉天险、设要塞,有效遏制了游牧民族南下,保护了农耕文明的持续发展。后世两千多年中,有十多个朝代都不同规模地修筑过长城,其中汉朝、明朝修筑的长城都超过了一万里。长城早已超越其原始的军事意义,演变成为中华文明的图腾之一。

严刑峻法

秦朝采用严刑峻法统御百姓，所制定法律详细、繁密，处罚也极为严厉，动不动就刺字割鼻、剁脚砍头，以致百姓动辄犯罪、叫苦连天。而且，秦始皇狂妄暴虐，不知体恤民力，视百姓为牛马，一味驱策奴役。修筑长城本已耗费了大量人手，而为了满足其穷奢极欲的追求，秦始皇又命令征发大量的百姓抛家舍业、累死累活地去为他修筑宏伟壮丽的阿房宫和气势雄浑的骊山陵墓。那斑斑的血泪渗透于土木之中，累累的白骨填塞于砖瓦之间，多少人妻离子散、多少人家破人亡。后世人曾用《孟姜女哭长城》的民间故事来控诉秦始皇的罪恶。而在史书上，因为这些罪恶，秦始皇被很多人视为暴君的典型，秦也常被称为"暴秦"。

六王毕·四海一
Liuwangbi Sihaiyi

— 六王毕·四海一·秦始皇 —

专权勤勉

秦始皇固然凶戾(11)，但本人却也是个十分敬业的"工作狂"。他处理起政务来常常通宵达旦、事无巨细，各类文件都要亲自批示。每天批阅的竹简数量重到都需要几个人去抬。这种勤政务实的作风在历代君主里面是非常少见的。但这种行为也引起了很多读书人的不满，皇帝决断了大部分的事情，那就意味着其他人都没有任何的权力，即使获得了高官，也不过是皇帝的传声筒。因而一时间怨言滋生，众人群起攻击秦始皇贪求权势。而秦始皇对此不屑一顾，依旧我行我素。除了在宫内执政，他还经常巡游天下，除了为考察民风、震慑六国残余势力外，更希望让天下人都能知道并永远记住他的功绩，所以每到一处，必然勒(lè)石记功。

博浪沙刺杀

　　秦始皇的威势越大，得到的仇恨也就越多。六国贵族的残余势力身负国仇家恨，处心积虑要刺杀秦始皇，以便恢复故国。而秦始皇频繁地外出巡游，就为刺客提供了良好的刺杀机会。一次，秦始皇东巡，途径一个叫博浪沙的地方，就遭遇了一次惊险的刺杀。故韩国贵族张良雇佣了一名身材高大、肌肉壮硕的大力士，提前埋伏在险要之处，将一柄重达一百二十斤的铁锤用力抛向了秦始皇正在缓缓前行的华美车驾。一旦击中，秦始皇必然粉身碎骨。但缺乏情报支持的两人终究还是失算了，大锤没有击中秦始皇真正的座驾，只是击中了随行的副车。秦始皇逃过一劫，毫发无损。张良两人误中副车，只能仓皇逃走。

六王毕·四海一·秦始皇

青史流光：跨越时空的那些人

快走，快走，不能让皇帝知道我们骗了他。

广寻仙术

秦始皇暴怒，全国通缉刺客。但机警的张良隐姓埋名，藏匿于民间。秦始皇遍索不到，最终只能不了了之。刺杀的威胁可以躲过，但时光岁月的侵蚀却无法避免。人的威势越大，就越希望自己能够永存世间。为了超脱生老病死的桎梏（zhì gù），秦始皇无比渴望能够得到永恒不灭的仙术。一批所谓的方士投其所好，纷纷宣称自己能找到长生不老之术。其中有一个叫徐福的说他能在东海之中的蓬莱、方丈、瀛洲三岛上找到仙药。秦始皇大喜，派徐福在民间找了三千童男童女，虔诚地沐浴斋戒后，一起上船东渡寻找仙山。可是他们终归一去不返。至于徐福和这些童男童女们到底去了哪里？后人也难以追索，众说纷纭。

六王毕·四海一
Liuwangbi Sihaiyi

焚烧经典

以法家思想作为治国理念，导致秦始皇对其他学说人物尤其是儒生不是非常喜欢。有一次，博士淳于越上书反对郡县制，建议恢复周代的分封制，这对帝国建立之初就确定的根本政权组织形式提出了质疑。秦始皇将此意见交给大臣们讨论，当初一力主张郡县制的廷尉李斯自然激烈反对。他不仅严厉批驳淳于越、认为其思想不符合时代演变的要求，而且推而广之，认为目前国内学说太多，不利于思想统一，建议秦始皇将民间所藏除了医药、占卜之类的其他学说图书通通烧毁。这正好符合皇帝钳制百姓思想的目标，于是秦始皇欣然同意，用一把把烈火将百家经典、皇皇巨著化为了灰烬。"百家争鸣"的文化风气遭到重创。

坑杀众儒

　　腾腾烈焰映照着一个个读书人悲愤交加的脸,但慑于秦法严苛,大多数人敢怒而不敢言。就在全国空气紧张的时候,一个叫卢生的儒生私下里大骂秦始皇,认为他贪求权势、凶厉狠毒,是个不折不扣的暴君。秦始皇早没有当年容忍尉缭时的开阔心胸了,听说后大怒,派人彻查此事。当场活捉了几个传播此言论的儒生,一番酷刑之下,这些儒生间相互攀扯,牵连出犯禁之人有四百六十多个。秦始皇不分青红皂白,尽数活埋。这两件事就是历史上著名的"焚书坑儒"。秦始皇的长子叫扶苏,平常喜欢跟儒生来往。眼见儒生受难,忍不住加以规劝,却不想被秦始皇劈头盖脸臭骂一通,远远打发到北地,去跟蒙恬一起督造长城。

身死沙丘

　　公元前210年，十三岁登基，年届五十的秦始皇第五次巡视东方。也许因为天气炎热、水土不服，也许因为长途劳累、身体不佳，行进到沙丘宫时，秦始皇一病不起。赫赫权势毕竟不能为他带来永恒不死的际遇。临终前，他带着无限遗憾留下遗诏给尚在北方的长子扶苏，让他回到都城咸阳给自己发丧，意即指定扶苏为继承人。可刚烈英明的秦始皇不知道人死威丧的道理，他刚刚断气，就立刻有人阴谋作乱。他的遗诏落入了中车府令赵高的手中。而赵高和帝国的继承人扶苏正是死对头，更重要的是已是左丞相的李斯也跟扶苏不对付。这两个最接近秦始皇的人为了保住自己的权势，心照不宣地勾结起来，决定要改天换地。

篡改遗诏

赵高与李斯首先封锁了秦始皇已死的消息，秘不发丧，又肆无忌惮地修改秦始皇的遗诏，诈称始皇立的是公子胡亥为继承人。接着为了斩草除根，彻底掩盖自己的阴谋，去除掉胡亥登位的阻碍，二人又亲手伪造了一封诏令，发给远在北方的大公子扶苏和大将军蒙恬。诏令中以秦始皇的口吻数说了他们的罪过，结末勒令他们自尽。完全不知道人心险恶的扶苏当场自杀。蒙恬请求复核，但朝政此时在赵高把持下，又能有什么办法呢？最终也吞药身亡。曾被很多人视为帝国理想接班人、性格温厚宽和的大公子，曾经征战天下、北却匈奴七百余里、致使胡人不敢南下而牧马的国家柱石蒙恬就这样憋屈地死在一份伪诏之下。

胡亥继位

　　作为老十八的胡亥虽然不被秦始皇视为帝国的理想继承人，但其实很受父亲宠爱，所以出巡时也带在了身边。这恰好为胡亥、赵高、李斯的合谋提供了便利。三人在得知扶苏、蒙恬已死的确切消息后，方才下令带着秦始皇的遗体绕返咸阳。此时正值夏季，天气炎热，尸体很快腐烂发臭，为了掩人耳目，三人命人装载很多鲍鱼在车上，对外就说是鲍鱼发臭了。可叹秦始皇纵横一世，最终却与腥臊恶臭的鲍鱼为伍。一直到了咸阳，三人才昭告天下，宣布秦始皇已逝。**胡亥则顺利继承了皇位，即秦二世。**而秦始皇则被隆重葬入了他生前已经开始修建的骊山陵墓当中，里面有水银做的江河湖海、有成千上万的兵马俑无言陪伴。

六王毕·四海一·秦始皇

青史流光：跨越时空的那些人

刚愎自用
性情残暴
不断横征暴敛
钳制言论

建立大一统帝国
修建万里长城
制定典章制度

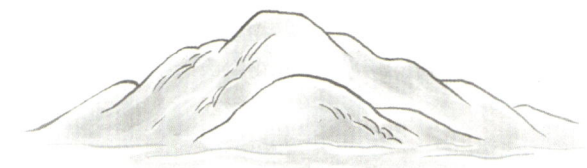

千秋功罪

秦始皇做梦都想不到的是,他自以为能够流传万世的大秦帝国,在他死后不久,很快就烽烟迭起,干戈遍地。陈胜、项羽、刘邦等人纷纷率众举起反秦的大旗,不过区区两年,大秦王朝就灰飞烟灭了。而李斯、胡亥、赵高三人也都在内乱中相继不得善终。嬴政作为中国历史上最著名的皇帝之一,曾被明朝的思想家李贽誉为"千古一帝"。他建立的大一统帝国、修建的万里长城、制定的典章制度,多为后世所尊崇或遵循。但秦始皇又刚愎自用、性情残暴,不断横征暴敛、钳制言论,以至民怨沸腾、天下汹汹。从这方面说,他屡屡被后世骂为"暴君"也并不冤枉。也许只能说一句斯人已去,千秋功罪,任人评说。

六王毕·四海一
Liuwangbi Sihaiyi

1. 吕不韦为什么要竭尽全力帮助异人呢?

　　_____

2. 你觉得华阳夫人和异人之间是不是互相利用呢?

　　_____

3. 你认为嬴政和吕不韦为什么会反目成仇?

　　_____

4. 你认为秦王灭六国中,谁的功劳最大?

　　_____

5. 假如荆轲刺秦成功,你觉得历史会有什么样的改变呢?

　　_____

6. 你认为秦始皇是一个暴君还是一个贤君呢?

　　_____

文史小课堂

1. 商鞅变法：战国时期著名的历史事件。秦孝公为了振兴秦国，任命来自卫国的法家人物商鞅主持变法，核心思想在于加强中央集权，削弱旧贵族势力，扩大新兴地主阶级利益。主要内容有废井田、开阡陌、奖励耕战、实行县制、统一度量衡等，极大促进了秦国的发展，使秦国一跃成为战国时期实力最强的国家，为以后统一天下奠定了坚实的基础。但商鞅本人却下场凄惨，秦孝公去世后，商鞅遭到旧贵族反扑，最终被车裂而死。

2. 朝不保夕：早晨的时候不知道晚上还能不能保得住，也说朝不虑夕。形容情势非常危急，难以预料。

3. 风生水起：风从水面吹过，水波兴起。形容事业做得很顺利，很有生气。

4. 奇货可居：字面意思是稀有的货物可以拿来囤积，以便日后价高时卖出获利。此成语出自吕不韦扶植异人当秦王的故事。后用来比喻据有某种特殊的事物作为资本，等待时机，以获取名利。

5. 开门见山：一开门就能看到大山。比喻说话、写文章直截了当，不转弯抹角。

6. 岁月如梭：时间流逝得仿佛织布机上转动的梭子一样快。形容时间过得很快。

7. 顾左右而言他：眼神看向两旁的人，嘴里说着跟本题无关的话。形容有意避开本题，用别的话进行搪塞。

8. 声名鹊起：声望和名誉像喜鹊一样飞起。形容名声突然大振，知名度迅速提高。

9. 暌违：分离，不在一起。

10. 潸然泪下：形容眼泪不受控制地流下来，出自《诗经》。

11. 布衣：借指平民。古时平民百姓无权穿绫罗绸缎，只能着布衣，固有此代称。

12. 爱屋及乌：因为喜爱一个人，就连他屋檐下的乌鸦也一并喜欢。比喻因为喜欢某人或某物，而对相关的人或物也会偏爱。

13. 炙手可热：手一靠近，就觉得很烫。比喻权势很大，常含贬义。语出"诗圣"杜甫的《丽人行》："炙手可热势绝伦，慎莫近前丞相嗔。"

14. 撒手人寰：人寰，人世。撒手人寰指离开人世、去世之意。

15. 战国四公子：指战国时期的四位著名王室贵族，分别是齐国的孟尝君田文、赵国的平原君赵胜、魏国的信陵君无忌、楚国的春申君黄歇。这四人都是各国的王室重臣，以礼贤下士、擅养门客而闻名天下。

16. 《吕氏春秋》：又名《吕览》，是战国末期秦相吕不韦组织门客编写而成的一部杂家名著。其内容以道家思想为主体，兼采儒、法、墨、阴阳、名、兵、农等其他诸子百家的学说。书成后，吕不韦曾命人将其悬挂于咸阳城门，扬言若有一字改动，即赏千金。众人云集，却无人出头修改。该书中有大约二百多则寓言，为后世提供了宝贵的文化财富。如刻舟求剑、掩耳盗铃、三豕涉河、一窍不通等都出自于此。

17. 鱼死网破：不是鱼死，就是渔网被挣破，形容争斗双方拼斗得极为激烈。

18. 韬光养晦：比喻隐藏起自己的才能，不使外露。也常变作"韬晦之计"使用。

19. 郑国渠：战国时期秦国修建的一条规模宏大的水利灌溉工程。秦王嬴政刚刚亲政的当年，韩桓惠王为了"疲秦"，派水利专家郑国做间谍，赴秦游说嬴政修建水利工程，连接泾水和洛水，以此来削弱秦国民力。后嬴政知晓目的，欲杀郑国。郑国辩称，此事虽然有利于韩国，但只能使其安全一时，而一旦渠成，能够为秦国带来万世之利。嬴政认可这种看法，遂让郑国继续主持修建，十年后，郑国渠成。秦国国力果然并未因此受到任何损伤，反而越发强盛。

20.《谏逐客书》：一篇著名的说理文章，是战国时期，秦国大臣李斯写给秦王嬴政的一篇奏议。背景是当时嬴政受宗室大臣蛊惑，打算驱逐秦臣中来自于六国的人，李斯也在被驱逐之列。李斯遂上书表示反对。全文理由充足，文采斐然，雄辩滔滔，充分说明了客卿对于秦国强大乃至统一天下的重要性，最终说服嬴政收回了逐客之命。

21.《孤愤》《五蠹》：出自先秦法家代表作《韩非子》，是其中的名篇。《韩非子》由韩国贵族韩非子所著，其文构思精巧，语言幽默，说理精辟。其中含有大量浅显的寓言故事，演变成为众多脍炙人口的成语典故，至今为人们广泛运用。如：郑人买履、买椟还珠、抱薪救火、吹毛求疵、和璧隋珠、杀彘教子、守株待兔、自相矛盾、一颦一笑、视死如归、远水不解近渴等。

22.长平之战：战国时期发生在秦赵两国之间的著名战役。当时，韩国被秦国攻占了大片土地，导致上党郡成为韩国的"飞地"。韩桓惠王为了求得秦国罢兵，勒令上党郡守冯亭将上党郡献给秦国，冯亭不愿降秦，遂将上党郡献给赵国。秦昭襄王大怒，遂派王龁转而攻赵。赵孝成王派出廉颇对敌。双方在长平对峙。由于秦强赵弱，廉颇采取守势，深沟高垒，不肯主动出战，等待秦军粮尽自退。赵孝成王对此战略不满，又听信秦国诡言"秦国惧怕的不是廉颇，而是赵括"，遂让赵括取代廉颇为将。赵括虽号称熟读兵法，但实际只会纸上谈兵，无实战经验。秦昭襄王听闻赵国换将，大喜，遂偷偷派深为赵人忌惮的武安君白起为主将，到前线替换王龁指挥作战。最终主动出击的赵括不敌白起大败，赵军损失四十多万精壮士卒，从此一蹶不振。

人物小传

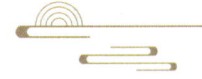

秦始皇：名嬴政、赵政，中国历史上第一个皇帝，所以称始皇帝。在位期间统一六国，建立中国历史上第一个封建王朝秦朝，并不断开疆拓土、统一中国文化，其所立典章制度为后世很多朝代遵循，被誉为"千古一帝"。但其统治残暴、滥用民力、焚书坑儒，也常被视为"暴君"的典型。

秦昭襄王：名嬴稷，战国时秦国国君，在位五十六年。期间任用范雎为相，采取远交近攻之策，逐步蚕食六国土地，又任命白起为将，通过秦魏韩伊阙之战、秦楚鄢郢之战、秦魏赵华阳之战、秦赵长平之战，消灭了各国主力部队，为秦统一天下战争的胜利奠定了基础。同时攻陷东周洛邑，彻底终结周朝统治。

安国君：即秦孝文王，秦昭襄王之子。宠幸华阳夫人，对其言听计从，从而立本不受自己喜欢的异人为王位继承人。在秦王位时间只有三天。

异人：即秦庄襄王，秦昭襄王之孙、秦孝文王之子、秦始皇之父，又名子楚。原先在赵国为人质，被吕不韦看中，想方设法送其归国并成为秦王。在位只有三年，期间秦国持续扩张领土，但也曾被魏国信陵君率五国联军大败。

吕不韦：战国末年大商人，也是一个著名的政治家，本为卫国人。偶遇在赵国为人质的秦国王子异人，认为奇货可居，遂帮助其回国并当上秦王。自己也因此成为相国，被封文信侯，权倾大秦。后为成年秦始皇所忌，被赶出咸阳，忧惧自裁。曾组织门客编写《吕氏春秋》，被称为"杂家"代表作。

华阳夫人：安国君最为宠爱的夫人，但没有儿子。因

被吕不韦游说，收养跟自己本无血缘关系的异人为义子，并帮助其成为秦王。

阳泉君：华阳夫人之弟。吕不韦游说华阳夫人前曾首先说动此人，从而得以见到华阳夫人并成功帮助异人成为秦王。此人物为《战国策》中所记载，《史记》中无此人，书中扮演同样角色的是华阳夫人的姐姐。

赵姬：秦庄襄王异人的夫人，秦始皇之母，本为吕不韦姬妾，被转送给异人。

赵孝成王：战国君主，在位期间发生长平之战，中秦人反间计，以赵括代替老将廉颇对阵秦国名将白起，导致赵国惨败，四十万精兵被白起坑杀。

齐桓公：春秋时期齐国的著名君主，名姜小白，"春秋五霸"之一。在位期间励精图治，任用管仲为相，改革内政，使齐国最先称霸于众诸侯。曾打出"尊王攘夷"的旗号，九合诸侯，一匡天下。

管仲：春秋时期的齐国名相。名夷吾，本为齐桓公仇敌，后为其所用，被任命为相。执政期间，齐国大兴，因功劳卓著，被齐桓公尊称为"仲父"，即被齐桓公以父亲之礼对待。后世尊称其为管子。

李斯：法家代表人物，秦朝著名政治家、文学家和书法家。秦始皇最为信任的大臣，曾任廷尉、左丞相。在秦统一六国的过程中及秦朝建立典章制度上功勋卓著。曾写过《谏逐客书》，反对分封制，支持郡县制，建议始皇焚烧民间收藏的《诗》《书》等诸子书籍。参与制定秦法，统一度量衡、文字、货币、车轨等。秦始皇去世后，与赵高共谋，矫诏杀死皇位继承人扶苏，而立胡亥为秦二世，后为赵高所忌，被诬陷谋反而腰斩于咸阳。

王翦：秦国名将，战国四大名将之一，是秦灭六国战争中的主要功臣。曾在灭楚战争中大败项羽祖父项燕，导致其自杀身亡。一方面拥有杰出的军事才能，另一方面也擅长明哲保身、懂得激流勇退。

昌平君：父亲是楚国王子，母亲是秦昭襄王女儿，拥有两国血统。首先在秦国任职，曾帮助秦始皇平定内乱，后被派往郢陈安抚楚民，遂背叛秦国。楚国灭亡后，曾被楚国大将项燕立为楚王，但很快就被王翦消灭。

郑国：本为韩国负责水利工程的官员，作为间谍被派往秦国，为秦国修建水利工程，目的在于"疲秦"，即通过大规模的水利工程消耗秦国国力。此阴谋中途被秦王嬴政察觉，本欲杀死郑国。但郑国辩解说服秦王继续修建，最终修成郑国渠。该工程使关中地带沃野千里，秦国国力大涨。郑国渠与都江堰、灵渠被称为"秦代三大水利工程"。

王贲：战国时秦国名将，王翦之子，秦灭六国的主要功臣。曾经开掘黄河水灌入大梁城，导致魏国灭亡。其子王离在后来巨鹿之战中被项羽俘杀。

蒙武：战国时秦国武将，有子蒙恬、蒙毅。参与秦灭六国之战。

桓齮（yǐ）：战国时秦国武将，曾攻赵获城，后被赵国名将李牧大败。

韩非子：战国时期韩国人，法家代表人物，著有《韩非子》，代表篇目《孤愤》《说难》《五蠹》，与李斯为同窗。出使秦国被留，因在是否灭韩上与李斯意见相左，李斯担心韩非子被嬴政所用，故进谗言抓捕其入狱并毒杀。

内史腾：秦国将领，名腾，内史为其官名。曾攻灭韩国。

韩国成为秦灭六国战争中，最早的也是唯一一个不是王翦、王贲父子灭掉的国家。

李牧：赵国名将，战国四大名将之一。曾因功获封武安君。前期主要抵御匈奴，曾以步兵大破匈奴骑兵。后期主要抵御秦国，在肥之战中，大败秦将桓齮。秦王翦伐赵，李牧与之相持。赵王迁中秦人反间计，李牧被诛杀，赵国自毁长城，很快灭亡。

白起：秦国名将，战国四大名将之一。活跃于秦昭襄王时期，获封武安君。曾通过秦魏韩伊阙之战、秦楚鄢郢之战、秦魏赵华阳之战、秦赵长平之战歼灭六国主力部队，曾在长平之战后坑杀赵军四十万，为后人所诟。因功高震主，且与范雎不和，被冤杀。

廉颇：赵国名将，战国四大名将之一。活跃于赵惠文王、赵孝成王时期，曾与蔺相如之间发生过著名的"将相和"之事。长平之战曾与白起对峙，但秦国用反间计使其被纸上谈兵的赵括替换，导致赵国惨败。后因受排挤，离赵去魏、楚。

郭开：赵国著名奸臣，曾排挤廉颇、构陷并杀害李牧，卖国求荣。后在秦灭赵后被盗贼所杀。

赵括：战国时期赵国宗室，曾在王翦攻赵时，被中了反间计的赵王用之代替名将李牧统兵，结果兵败被杀。

赵武灵王：赵国第六位君主，在位期间最有名的即是"胡服骑射"，抛弃车战，改用骑兵，使赵国战斗力大增。曾扶立秦昭襄王继位。

魏文侯：魏国开国君主，在任期间任用李悝变法。魏国是战国七雄中最早开始变法的国家。

李悝：战国时期法家代表人物，魏文侯时任魏相，主持变法，使魏国在战国初期成为强国。后来的吴起变法、商鞅变法都一定程度上对其有所继承。编有《法经》。

吴起：战国时期著名政治家、军事家、改革家，兵家代表人物。曾在鲁国任职，为取信于鲁国国君成为对齐主将，杀死了本是齐国人的妻子，称"杀妻求将"，为人所讥讽。后弃鲁奔魏，被魏文侯任命为将，创立武卒制，功劳卓著。后又投奔楚国，主持变法，楚国国力大涨，但引起反对派嫉恨，被杀。编有《吴子兵法》，与著名军事家孙武合称"孙吴"。

乐羊：战国时期魏国名将，曾在魏文侯时期攻占中山国。为表达忠心，曾亲口吃掉被敌人杀死的自己儿子的肉，但反倒被魏文侯认为其心性残忍。

太子丹：燕国最后的太子，曾在邯郸和嬴政一同为人质，后回燕国，与嬴政反目，策划荆轲刺秦，失败。后被其父燕王喜出卖，用其头颅换取秦国暂缓攻燕。燕国得一时残喘。

荆轲：战国时著名刺客，受燕太子丹所托，刺杀秦王嬴政，失败被杀。

高渐离：战国著名刺客荆轲之友，擅长击筑。曾在易水河畔用筑声送别前往刺秦的荆轲。荆轲刺秦失败，六国灭亡，秦始皇通缉高渐离，捕获后因爱惜其击筑之才，未处死。熏瞎其眼后令其就近演奏，高渐离乘机刺杀报仇，失败身死。秦始皇遂终身不敢让六国之人靠近。

樊於期：战国末年秦国武将，与赵作战失败，逃奔燕国，嬴政对此痛恨，诛杀其全家。后荆轲刺秦，欲准备两样礼物以取信秦王，一为督亢地图，一为樊於期人头。

樊於期慷慨自杀，以助荆轲。

六国末代各王：韩王安、赵王迁、魏王假、楚王负刍、燕王喜、代王嘉（代国为赵国灭亡后太子所建）、齐王建。

秦舞阳：燕国人。因燕太子丹听说其十三岁杀人，以为勇士，遂派其与荆轲一同刺秦，但到秦宫时却临阵恐惧，差点被人看出破绽，幸亏荆轲机智化解。

夏无且（jū）：秦国医官，荆轲刺秦时，以药囊投掷荆轲，帮助嬴政脱险。

李信：战国时期秦国将领，随王翦、王贲参与灭六国之战。年轻气盛，率二十万人进攻楚国，被楚将项燕击败。其后代有汉朝名将李广。

项燕：战国时楚国名将，西楚霸王项羽祖父。曾对阵秦国名将王翦，失败后自杀。

程邈：秦朝人，传说是隶书的发明者。本身为县中狱吏，因罪被羁押狱中。其时，秦始皇发布"书同文"命令，要求天下废除六国文字，统一使用秦国的小篆。但小篆书写缓慢，效率低下，严重影响了社会发展。为求得赦免，程邈潜心研究文字，将小篆笔划变圆为方折，同时删繁就简，创造出一种新的更高效的书写文字，因其官职低微，属于"隶人"，故后世称这种文字为"隶书"。此文字献给秦始皇后，秦始皇大悦，不仅赦免了程邈之罪，还擢升其为御史。隶书后来在东汉得到大力发展，直到今天仍是汉字常用字体之一。

张良："汉初三杰"之一，汉高祖刘邦重要谋士。韩国贵族，曾在秦统一天下后，趁秦始皇外出巡游之际，在博浪沙进行刺杀，却误中副车，未能成功。

徐福：秦朝著名方士，曾上书秦始皇说海上有蓬莱、方丈、瀛洲三座仙山，可求得长生不老之药，秦始皇大喜，遂派三千童男童女随其东渡求药，无果。一说认为其东渡日本，是部分日本人始祖。

淳于越：本为齐国博士，入秦后任仆射，建议秦始皇实行分封制，被李斯驳斥，引发了"焚书"事件。

卢生：秦朝方士。曾帮助秦始皇寻找长生不老之药，后讥讽秦始皇并逃走，引发了"坑儒"事件。

蒙恬：秦朝名将，蒙武之子。曾率兵三十万北击匈奴，收复河南之地，并监修万里长城。秦始皇去世后，赵高、李斯发动政变，矫诏令其自杀，蒙恬请求复核，但无果，最终蒙冤自尽。曾改良毛笔，誉为"笔祖"。

赵高：秦朝著名奸臣。秦始皇去世后，巧言说动李斯与其发动沙丘政变，篡改始皇遗诏，勒令原定继承人扶苏自杀，扶植胡亥继承皇位，并谋害蒙毅、蒙恬兄弟，后又陷害李斯，使其被腰斩。权倾朝野，指鹿为马，导致秦朝政权更加混乱。在反秦起义风起云涌之际，杀死二世胡亥，立子婴为王，不久被子婴设计杀死。

扶苏：秦始皇长子，为人宽仁。因反对"坑儒"，惹怒秦始皇，被发往北地协助蒙恬监造长城。秦始皇死后被胡亥、赵高、李斯篡改遗诏，最终自杀身亡。

胡亥：秦二世，秦始皇第十八子，由赵高通过沙丘政变所立，在位期间残杀其诸多兄弟姐妹。后被赵高所害。

子婴：秦朝最后一王。在秦朝即将灭亡的背景下当王，在位期间杀掉祸国殃民的赵高，但无力挽救即将覆灭的秦朝，最后投降了刘邦，后被项羽杀死。

陈胜：秦末农民起义领袖，与吴广在大泽乡斩木为兵、揭竿为旗，拉开了反秦序幕。建立"张楚"政权，后被秦将章邯击败，为车夫庄贾所害。

刘邦：汉高祖，原来秦朝泗水亭长，秦末继陈胜吴广起义后，在芒砀山斩白蛇起义。后逐步壮大，攻入秦朝都城咸阳。后又在楚汉相争中，击败项羽，建立大汉王朝。曾作《大风歌》。

项羽：西楚霸王，力能扛鼎。楚国将领项燕之孙，秦末继陈胜吴广起义后，率众在吴中起义，扶立楚怀王，后逐步成为各路义军首领。但为人刚愎自用、自恃武力，在楚汉相争中败于刘邦，自刎而亡。留有《垓下歌》。